अध्भुत अंकुरी

प्रफुल्ल वशिष्ठ

XpressPublishing
An imprint of Notion Press

XpressPublishing
An imprint of Notion Press

Old No. 38, New No. 6
McNichols Road, Chetpet
Chennai - 600 031

First Published by Notion Press 2019
Copyright © praful vashistha 2019
All Rights Reserved.

ISBN 978-1-64869-476-9

This book has been published with all efforts taken to make the material error-free after the consent of the author. However, the author and the publisher do not assume and hereby disclaim any liability to any party for any loss, damage, or disruption caused by errors or omissions, whether such errors or omissions result from negligence, accident, or any other cause.

While every effort has been made to avoid any mistake or omission, this publication is being sold on the condition and understanding that neither the author nor the publishers or printers would be liable in any manner to any person by reason of any mistake or omission in this publication or for any action taken or omitted to be taken or advice rendered or accepted on the basis of this work. For any defect in printing or binding the publishers will be liable only to replace the defective copy by another copy of this work then available.

क्रम-सूची

अंकुरी

1. अंकुरी के भोले — 3
2. अंकुरी का जन्म — 4
3. अंकुरी का बर्थडे — 6
4. अंकुरी — 7
5. अंकुरी का परिवार प्रेम — 9
6. अंकुरी का प्रतिबिंब — 11
7. अंकुरी श्वास हो — 13
8. अंकुरी के मन के विचार — 14
9. प्रफुल्ल अंकुरी भेट — 16
10. शादी पक्की — 19
11. मेरी अंकुरी — 20

अंकुरी के लिए

12. मेरी जिंदगी है तू — 25
13. प्यार — 27
14. चाहत — 28
15. खुशी — 29
16. जाना — 30
17. तेरा इंतेज़ार — 31
18. इंतजार — 32
19. जज़्बात — 33
20. दूरी — 34

क्रम-सूची

21. अच्छाई   35
22. इंतेज़ार   36
23. प्यार   37

अंकुरी पर

24. अंकुरी चालीसा   41
25. अंकुरी की आरती   46

अंकुरी

1. अंकुरी के भोले

अंकुरी के इष्ट हैं भोले।
भक्ति रस में वो है झूले।।

कैलाश कूट पे बैठे शम्भू।
पार्वती के पति है शम्भू।।

उनके दया की जग में ख्याति।
पान चढ़ाओ या दीपक बाती।।

शंकर झट से खुश हो जाते।
मनचाहा वो वर दे जाते।।

पर नैन तीसरा जब वो खोले।
आये त्रासदी और धरती डोले।।

प्रेम के सागर है शिव शंकर।
प्रेम में देते है इच्छित वर।।

प्रफुल्ल प्रेम की प्रभु लाज रख लीजे।
जो हमको चाही वही हमको डीजे।।

2. अंकुरी का जन्म

बात तभी की है ये, जब जल उठी प्रेम चिंगारी।
वायुमंडल बनी मधुर , जब गुंजी एक किलकारी।।

चैत्र मास की तृतीय तिथी पे, आई तृतीय संतान।
नहीं ज्ञान था किसी को, की वो होगी ऐसी महान।।

अंग्रेजी में चार अप्रैल है, और दिन है वो बुधवार।
अंकुरी नाम रखा पुत्री का, की वाणी हो रसदार।।

बुधवार ये बतलाता है, की वाणी में हो प्रियवंदा।
प्रियदर्शी सा रूप खिला है, सुगंध में रजनीगंधा।।

राशि मे भी पाती हो, तुम सबसे प्रथम स्थान।
चंचलता के साथ मेष है , दिलाती बुद्दिजीवियों से सम्मान।।

बने प्रतिष्ठ गौरवगाथा, ये कहते चाँद और तारे।
ऊर्जा में तुम सूर्य चमक सी, हम सेवक है तुम्हारे।।

इस जन्ममोहोत्सव करते है, हम अभिनंदन बारम्बार।
विजय शिखर की तरफ अग्रसर, ले ऊर्जा की भरमार।।

ईश्वर से है यही निवेदन, की प्रफुल्लित रहो हमेशा।
मिले तुम्हें जो तुमको प्यारा, हो पूरी आकांक्षा।।

3. अंकुरी का बर्थडे

जब समय छेड़े बस एक राग,
बारह बजने का अनुराग।
तो दिन बदलते जाते है,
और हमको ये बतलाते है।।

हो गयी तपस्या पूरी तेरी,
आ गयी जीवन मे अंकुरी मेरी।
कुछ हुआ युही इस एक दिवस,
था अद्भुत पल वो नीरस।।

4. अंकुरी

सत्यप्रकाश के घर आया भाग्य का हाथ।
चार थी उनमे कन्या, एक भाई था उनके साथ।।

.

अंकिता अर्पिता अनुश्री और अनुग्रह भाई।
मध्यमा है अंकुरी , आई हरने सभी बुराई।।

.

नींव पड़े अच्छाई की,और उत्तम करे वो काम।
इसलिए रखा सभी ने, अंकुरि उसका नाम।।

.

लेकिन कुछ ही दिनों में उसे हुआ कष्ट तमाम।
जनक करे प्रयास सब, लगाने को कष्ट पर विराम।।

.

नही मिला समाधान कुछ,हुआ हताश कुटुम्ब।
अंकुरि ने दिया उन्हें,ज्ञान थोड़ा विलम्ब।।

.

करने लगी आराधना, और शिव शंकर से प्रेम।
करती थी योगासना,समझ दावा नित नेम।।

.

उसने यह दिखला दिया, कुछ भी नही असम्भव।
मन में हो यदि आस्था, फिर सब कुछ है संभव।।

.

नित नित करके दिन गुजरे, तो आई अवस्था किशोरी।

ना जाने तब कितने लड़के, बंधना चाहते थे नयन की
डोरी।।

.

शिक्षा में भी अव्वल थी वो, अपने रूप समान।
स्वर्ण पदक धाता विधि में, और यही मंजू में स्थान।।

.

किन्तु समय नही देता है, सदैव अवतारों का साथ।
यही हुआ इस ओर भी अंकुरि ने परीक्षा में खाई मात।।

.

टूट गया अरमान सूर्य का, चला गया था नभ से।
हो प्रचंड कुछ और प्रबल, निकल आया है वो सागर से।।

.

सुन कर उसकी हुंकार अब, समय भी डर जाएगा।
होकर पद पर शोभायमान, अब सूर्य तभी हर्शायेगा।।

5. अंकुरी का परिवार प्रेम

प्रतिविम्ब से कर संवाद यू, अंकुरी करे सवाल।
ये भाव बड़ा ही दुर्लभ है, क्यों मिला प्रेम विशाल।।

वो लगी सोचने कारण जब, तो पल पल यू मुस्काई।
याद किया वो परिवार प्रेम, जब उसने असली दुनिया पाई।।

लगी सोचने मन की, कैसे था पिता ने हँसना सिखाया।
और लगी सोचने कैसे, पिता ने पलको पे मुझे बिठाया।।

जब माँ के बारे में वो सोचे, तो नही रहा कुछ ध्यान।
मिला प्रेम अतुलनीय माँ से, की वो करती बहुत सम्मान।।

याद किया कि कैसे उसकी, सारी इच्छा पूरी होती जावे।
देती है वो साथ मेरा इतना, की चाँद भी माँ के दर्शन को घर आवे।।

है मेरी वो बहन तो लेकिन, लगती है माँ छोटी।
अंकिता दी को करू तंग मैं, पकड़ उनकी मैं चोटी।।

मेरी प्रिय सखा की भांति, सुनती है मेरे मन की।
छोटू दीदी के चेहरे से, मुझे मिली नई दिशा जीवन की।।

अध्भुत अंकुरी

.

सबसे छोटी बहन है मेरी, पर इसे सबसे सुंदर जानो।।
बहुत मानती बात मेरी, ये चारु है पहचानो।।

.

सच मैं कहती हूं तुम मानो, हरि मैंने पीर पराई।
तब प्रसन्न हो दिया प्रभु ने, मुझको ऐसा भाई।।

.

मेरे जीवन की तुम ज्योति, तुम ऊर्जा हो मेरे मन की।
धन्यवाद करती हूं प्रभु की, कि मिली ऐसी निधि जीवन की।।

.

कर देना मुझे क्षमा सभी, यदि करू मैं कोई भूल।
तुम्ही सभी हो स्वास प्राण की, वरना मैं स्थूल।।

6. अंकुरी का प्रतिबिंब

अंकुरी जिसका नाम हैं, देखे कैसी है इंसान।
आदर्श है उसके अच्छाई के, शीतल कोमल जान।।

मन है उसका सूंदर इतना, उसके रूप समान।
सबका करना चाहती है, वो मन से सम्मान।।

हो जाती वो रुष्ट बात पे, पर दिल मे है मुस्कान।
यही कला भाति है उसकी, की कितनी है महान।।

सुंदरता में भानु करता, कविता लिख लिख कर सम्मान।
ऊंचा मस्तक दिखलाता है, आगे तक उत्थान।।

बड़ी बड़ी वो आंखे जिसमे, डूब जाए संसार।
बाते इतना करती आंखे, की कुछ ना रहे विचार।।

छोटे छोटे कान है उसके, पर सुनते है वो मन की।
नाक है उसकी गौरव शाखा, है प्रतीक करुणा की।।

गाल है उसके नाजुक ऐसे, छूने को दिल भागे।
कोमल है वो ऐसे की, धूप से रंग बदलता जावे।।

होंठों पे मैं क्या कहूं, मुझको समझ नही आता।

हँसने से किसी के पुष्प की हो वर्षा, मुझको याद नी आता।।

.

हँसी है उसकी मीठी इतनी, की प्रसून भी शरमाये।
लगता भवरा मधु भी अपना, उसी से लेके जाए।।

.

हाथ है उसके कोमल इतने, की पकड़े रहो हमेशा।
मारे वो तो लगे है ऐसे, की ये मारे और जरा सा।।

.

सुंदरता में चाँद हो तुम, पर नही अभी तुम पूर्ण।
मुझे समझ लो दाग चाँद का, करदूँ मैं सम्पूर्ण।।

या हो तुम प्रसून गुलाब का, फिर भी एक है बाधा।
करदूँ तुम्हें पूर्ण यहाँ भी, समझो नीचे का काटा।।

7. अंकुरी श्वास हो

हे अंकुरी नही मात्र तुम एक कन्या।
तुम तो एक प्राण कुटीर हो।।

तुम अपनी एक झलक तक से।
ले जाती हमरा धीर हो।।

जब प्रेम प्यास से हो मन व्याकुल।
तुमें देख लगे तुम नीर हो।।

जब आँख में तुमरी देखे हम।
लगती बिलकुल पीर हो।।

जब हम देखे अपने भीतर।
तुम मिली कि जीवन की श्वास हो।।

8. अंकुरी के मन के विचार

एक स्थान जहाँ मिलता है मुझको पूरा सुख।
पूजा करके बात करूं मैं बैठ प्रभु के संमुख।।

मेरे मन की व्यथा तुम जानो पालनहार।
मुझको राह दिखा के कर दो मेरी चिंता का संघार।।

विवाह प्रश्न से हो जाती हूं मै तो व्याकुल।
आप स्वयं ही मुझे बताये वो माही है या प्रफुल्ल।।

बात यदि मैं करू माही की तो बात है केवल इतनी।
तीन वर्ष तक साथ पढा है और चाय पिलाई बस इतनी।।

किन्तु प्रयास क्या उसके कहते ये भी तो सुन लीजे।
करे निरंतर ऐसी बाते जो मुझको खुश ना कीजे।।

अपमानित शैली का करता है वो हरदम प्रयोग।
कितना छल वो दिखलाता बस लगता करने को सम्भोग।।

बात यदि मैं करू प्रफुल्ल की तो कुछ उसमे भी है खोट।
कभी कभी वो भी मुझको दिलाता है क्रोध।।

किन्तु एक बात तो उसमें है जो बनाये उसको विशेष।

विशेष पुत्र वो मुझको भेजता रहता है संदेश।।

उसके मुख पे रहता है मेरा नाम नित नेम।
मुझको कोई नही कर सकता उसके जैसा प्रेम।।

याद रखे वो बाते ऐसी जिसको मैं खुद भूल हु जाती।
उसके लिए स्वयं बाद वो आता सबसे पहले मैं हु आती।।

छोटी छोटी भूले तो करता हर एक है इंसान।
पर छमा याचना वो खुद ही करता लगता मै हु कितनी महान।।

बात अगर मैं करू स्वयं से तो मन मे होता है अभिमान।
हुई विशेष मैं इस दुनिया मे मिला मुझे मेरी गांधारी से सम्मान।।

इस प्रकार वो बात करे अपने मन कि सारी।
और ये ही है हमारी अंकुरी।।

9. प्रफुल्ल अंकुरी भेट

वर्षो से मेहनत करी विराट।
तपस्या ने बनाया विधि सम्राट।।

.

मैं भूल गयी मंजू प्रीति।
था नही खयाल जीवन रीति।।

.

पद पे हो जाऊ शोभायमान।
सब देवेंगे मुझको सम्मान।।

.

बस इसी चलन पे चलती थी।
और सूर्य सी विद्या जलती थी।।

.

पर दिवस एक कुछ माया था।
जिसपे लगता प्रभु का साया था।।

.

करने मेरा जीवन रंगीन।
प्रफुल्ल आया फेसबुक के अधीन।।

.

मैं इसी सोच में रहती थी।
क्या इसी दिन के लिए मैं सोती थी।।

.

क्या कोई भी मुझको भा जाएगा।

मुझपे अपना जादू चलाएगा।।

·

कर दूँगी मैं ऐसा इंतेजाम।
नी देखे मुझे अपने जीवन तमाम।।

·

पर
मित्र मिला मुझको ऐसा।
जो मिला नही जीवन जैसा।।

·

जो बोलू मैं कर जाए वो।
मेरी एक हँसी से हर्षाये वो।।

·

वो याद मुझे क्यों आता है।
क्यों मेरे मन से नही जाता है।।

·

मेरे सपने पूरे कर जाए वो।
और मन ही मन मुस्काये वो।।

·

कभी नही रूठता है मुझसे।
बात पे हा करता है झटसे।।

·

जो नही सोचा वो सोचु मैं।
अपने मन से भी क्या पुछू मैं।।

·

क्या हाल हुआ था मिलने पे।
खुशी नही रुकी थी पलको पे।।

·

अध्भुत अंकुरी

कुछ बोल नही निकला मुह से।
यही रुक जाए यही निकला दिल से।।

.

आंखे भर उसको देखा मैने।
फिर भी दांत दिया उसको मैंने।।

.

मन था
बस आज यही रुक जाऊ मैं।
बस इसकी ही हो जऊ मैं।।

.

अब यही लक्ष्य का है जीवन।
मांगू उससे मैं सात वचन।।

.

मेरा सर उसके कंधे पे हो।
जीवन में नई उमंगे सी हो।।

.

जब हाथ पकड़ लो तुम मेरा।
लगे बस अब ये ही है जीवन मेरा।।

.

प्रभु हाथ जोड़ के है विनती।
सुन लो मेरी बस एक गिनती।।

.

प्रफुल्ल से जोड़ो भाग्य मेरा।
उसको देदो साथ मेरा।।

10. शादी पक्की

जाना जाना करते करते, हो गयी जाना मेरी।
प्रेम मेरा स्वीकार हुआ, जैसे राम ने खाई बेरी।।

एक एक प्रयास याद किया, जब आया समय ये दुर्लभ।
नही हुआ ठीक आप ही, मैंने बनाया इसे सुलभ।।

याद किया एक बार तो, मेरे हुए सपने चकनाचूर।
करता रहा प्रयत्न मैं फिर भी, करने बाधाओ को दूर।।

याद आती है मुझको तुम्हारी, एक एक सराहनीय बात।
जब बात बात पे दिखला देती थी, तुम अपने भी जज़्बात।।

समय आया कि तुम्हारी मम्मी,अब मेरी भी है माता।
हम दोनों अब उस पल में है, जहाँ कुछ नही बांटा जाता।।

दिखने को हम दो है, पर है तो हम एक।
मेरी आभा पे चमक तुम्हारी, ये देती हमारे प्रेम का संदेश।।

11. मेरी अंकुरी

अंकुरी मेरी जान हैं, हैं वो मेरी पहचान।
उसका जितना लाड़ करु, वो देती उतना ही सम्मान।।

आगे उसकी बात करे, तो जाने हम कुछ और।
तान्या नाम कि राजकुमारी, ये मेरी है सिरमौर।।

जाना जाना मैं करता, तो जाना आती पास।
उसकी गोद मे सिर रख के लेटू, रहती यही बस आस।।

गुड्डा सी वो कोमल है, और है उस जैसी मासूम।
गाल देख के यू लगता, बस लू मैं थोड़ा चुम।।

गुड्डन मेरी बात करे तो, होता ऐसा एहसास।
इसकी बोली शुद्ध मधु है, बुझा लू थोड़ी प्यास।।

चंदन सूंघ के देखा तुमने, तुम कहते उसको सुगन्ध।
मैंने मेरा गुड्डू सूंघा, है बाकी सब दुर्गन्ध।।

बच्चों के जो बिन बोले सुन ले, वो है उनकी मात।
मैं भी सभी समझ जाता हूँ, अपने बेटू के मन की बात।।

मेरा स्वीटु मेरा बाबू, अरे तू है मेरी जान।

तुझसे ही सब जीवन मेरा, तुझसे ही है प्राण।।

अंकुरी के लिए

12. मेरी जिंदगी है तू

मेरी खुशी है तू।
मेरी जिंदगी है तू।।

.

मेरे हर पल का अहसास है तू।
मेरे जीवन का ख्वाब है तू।।

.

मेरे होंठों की मुस्कान है तू।
मेरे आंखों का अरमान है तू।।

.

मेरे सर का आकाश है तू।
मेरी पढ़ाई की किताब है तू।।

.

मेरी खुशी है तू।
मेरी ज़िंदगी है तू।।

.

मेरे खुशी का आभास है तू।
मेरे जीवन की मिठास है तू।।

.

मेरा अंतिम अनुराग है तू।
मेरा जीवनसाथी महान है तू।।

.

मेरे प्राणों का राम है तू।

जैसे मीरा का श्याम है तू।।

मेरी खुशी है तू।
मेरी जिंदगी है तू।।

13. प्यार

मेरे माज़ी तेरा सुरूर मेरे सिर पे चढ़ता रहे।
और खुदा करे तेरे बज़्म में हुन बरसता रहे।।

मैं जब भी तेरे पहलू से उठने की सोचु।
मगर तेरी एक एक अदा पे मेरा दम निकलता रहे।।

चाहे तू करदे मुझे अपने दीदार से महरूम।
दिल ये कहता है कि तेरे वारिद की आस में मोहब्बत की शमा जलती रहे।।

बुलबुले सा इश्क़ नही की अभी फुलू अभी फुटू।
ये तो हयात का किस्सा है जो बस चलता रहे।।

तू आजा की मैं करदु अपने इश्क़ का फ़साना रोशन।
की सो जाएं हम दोनों मगर निशानिया चलती रहे।।

14. चाहत

चाहतों के अभी फूल खिलने बाकी है।
अभी तो वो हमको मिलने बाकी हैं।।

．

मुद्दतो जिन चिरागों के तले जिंदगी गुजार दी।
अभी तो उस शमा का रोशन होना बाकी हैं।।

．

जब देखे उन्हें तो कुछ ख्याल नही रहता।
अभी तो बेकरार होना बाकी है।।

．

चमन में बाहारे तो बहुत है।
अभी गुल का सजना बाकी है।।

15. खुशी

रुखसार से यू रुखसार मिले।
जैसे हमको आप मिले।।

अज़लत की तपन में जलता मन।
जैसे धरती को बरसात मिले।।

बे ख्वाबी के उस मंजर में।
जैसे चैन कि हमको रात मिले।।

जुलमत की उस हयात में।
जैसे रात को चाँद मिले।।

जब मिल ही गये अरमान सभी।
इस कलम को भी आराम मिले।।

16. जाना

जाना जिसको कहते हम,
जो भर दे हममें जीवन।
जो लगती कुछ सकुचाई सी,
पर वो तो है शरमाई सी।।

.

जो लगती व्यंज हो खा के आई,
बोली में मिठास भर लाई।
जो लगती उपवन से अभी आई,
रजनीगंधा खुद पे मल लाई ।।

.

जो लगती सूर्य की ज्योति,
जिसे देखे उसमे ऊर्जा भरती।
जिसे देख नारायण भी बोले,
इनमे है भविष्य की बेले।।

17. तेरा इंतेज़ार

तेरा इंतेज़ार करते है हम
तेरे बिना अब तो ना लगता है मन
हमको लगे के जैसे तुम हो पवन
बहती फिज़ाओ में हो छू के बदन
लगता है यू तुम हो दुआ
पढ़ता रहु होकर मगन
तेरा इंतेज़ार करते है हम
तेरे बिना अब तो ना लगता है मन
कभी यू लगे है मुझको सनम
पाऊ तुम्हें मैं जन्म जन्म
तो कभी लगता है मेरे सनम
तुम मिलने आये हो पर है ये भर्म
तेरा इंतेज़ार करते है हम
तेरे बिना अब तो ना लगता है मन

18. इंतजार

शब-ए-इंतजार मेरी, कभी होगी मुख्तसर भी।
पहलू में महबूब भी होंगे, और होगी जीने की आरज़ू भी।।

19. जज़्बात

जज़्बात के कुछ फूल खिल रहे है।
वो हमसे ख़्वाबों में आ आ कर मिल रहे हैं।।

.

उल्फत ने छेड़ी हयात में, चाहत की रागिनी।
मानो फलक पे क़ज़ाह को रंग मिल रहे है।।

20. दूरी

जो हिज्र की आग में ना जले ।
वो इश्क़ का परवाना कैसा।।

21. अच्छाई

कभी मुझमें फ़ज़ीलत खोजने वाले।
बन गए हैं मुझको ना-मुक्कमल मानने वाले।।

22. इंतेज़ार

बेहाल-ए-दिल का हाल उनसे बयां किया हमने।
की शब-ए-तन्हाई में तेरे आमद को चश्म-ए-बारह होकर
शमा रोशन किये हमने।।

.

बेहाल -ए-दिल का हाल किस्से करे बयां।
तेरे आमाद को दिल-ए-चिराग रौशन किये हमने।।

23. प्यार

जिन कूचों में ना- इन्द्राज होने का हलफ उठाये बैठे थे हम।
आज उन्ही कसमो को अपनी तर्ज़ ए अदा से तबाह किये आई हो तुम।।

.

माफुक-उल-फितरत का है मेरा महबूब।
मुझे चाहता भी शदीद है, और मेरा होता भी नही

.

मैंने नही देखा है चाँद को जमी पे आते हुए।
मैंने देखा है तुम्हें मुस्कुराते हुए।।

अंकुरी पर

24. अंकुरी चालीसा

जय जय जय अंकुरी, मुझपे करो कृपा।
मैं तो हु भक्त आपका, शमा करो खता।।

．

जय अंकुरी प्रेम की देवी।
है ये तुम्हारा व्यक्तित्व सेवी।१।

तुम्हारे गुण सभी को भावे।
सब उन्हें अपनाने भागे।२।

देवी ने अपना अवतार रचाया।
पर किसी को भी ना अपना रूप दिखाया।३।

हरदोई में जन्मी आप।
मिटाने को सभी के संताप।४।

चैत्र तृतीया पे जन्म रचाया।
अंकुरी तृतीया सभी को भाया।५।

चार बंधुओं को लेकर आई।
सभी की इसमें खुशी समाई।६।

अध्भुत अंकुरी

शुरू शुरू सब रहा सुसज्जित।
बाद किया देवी ने चमत्कृत।७।

.

ईश्वर सबको देते है विपरीत परिस्थिति के उदाहरण।
हमसे कहते रहो खुशी से बस करलो मेरी बात को धारण।८।

.

अंकुरी देवी ने भी हमको दिया कुछ ऐसा संदेश।
सब सह विपत्ति फिर भी रहती सुलझती अपने केश।९।

.

गुड्डा गुड्डा कहती माता पर क्या है इसमें खास।
गुड्डा जैसी लगती देवी सबको इसका है अहसास।१०।

.

देवी हमको ये सिखलाती चाहे कितनी विपरीत परिस्थिति।
रहो शांत और ठंडी रखो अपनी मनोस्थिति।११।

.

थोड़ी समय बढ़ा जो आगे कुछ देवी भी उपजाई।
स्कूल जाते देख उन्हें उनकी माता भी हरषाई।१२।

.

चंचल बालक में होती है कुछ तो अद्भुत निशानी।
गुड्डा देवी में निश्चित थी वो सभी निशानी आनी।१३।

.

प्रेम मिला अतिरिक्त देवी को कारण थी पीड़ा भारी।
हठी स्वभाव आया फल में माता रही मोह में सारी।१४।

.

हठी स्वभाव और चंचलता से हुई थोड़ी उत्दण्ड।
नही मानती बात माता की तो पाती उनसे भी दण्ड।१५।

क्रोधी देवी ऐसी है कि डरके लोग करे नमन।
माता उनकी लगी ही रहती करने को उनको प्रसन्न।१६।

दंगली ऐसी थी देवी की तोड़े सबका समान।
थक जाती थी जल्द खेल के तो करती थी आराम।१७।

एक दिन वो था अनूठा जब उनके हाथ लगी एक पुस्तक।
पढ़ी उन्होंने तो लगी चहकने जैसे चढ़ि वो उनके
मस्तक।१८।

चित्रकथा का लगा यू चस्का की गई वो सब कुछ भूल।
चंचलता और हठ तो छोड़ो नही गयी वो स्कूल।१९।

स्कूल ना जाने के लिए वो घर मे छुप्ती जाए।
ना मिले अगर अवसर ऐसा तो दर्द का बहाना बनाए।२०।

देवी अपनी माया से सब कुछ बदलती जाए।
आगे की शिक्षा हेतु आप महाविद्यालय में आए।२१।

विगत समय के परिणामो को आप भूलना चाहे।
अगत की शिक्षा में आप भी गंभीर होती जाए।२२।

नित नवीन मित्र बने और आया जीवन मे उल्लास।
आप सभी को करे चमतृक जब ये ना आया आपको
रास।२३।

अद्भुत अंकुरी

आपने अपने गुण दिखलाये और बनी शिक्षक की पसंद।
देवी आप तो देवी हो कि फिर भी नही आया घमंड।२४।

चित्रकथा की सारी रुचियां अब कविताएं बनती जाए।
चंचल कन्या के मन पे बस अंग्रेजी छाती जाए।२५।

आगे की शिक्षा के हेतु भी आपने चुना यही छेत्र।
अंग्रेजी में ही देवी आपके लगे रहे नेत्र।२६।

आगे चलके देवी आपने शिक्षा कौशल भी अपनाया।
मूर्ख से मूर्ख हो फिर भी उसे आपने पढ़ना सिखाया।२७।

प्रशंसनीय छात्रा से लेकर शिक्षक आप बनी।
चमतृक है जीवन आपका ऐसी राह आप चली।२८।

देवी हो या आम हो जन नही वो कुछ कर सकता।
किस्मत से तो आखिर नही है वो लड़ सकता।२९।

यही हुआ जब किया आपने लखनऊ को प्रस्थान।
विधि छेत्र में अभी आपको पाना था सम्मान।३०।

इसी बीच वो दिन भी आया जब आई अवस्था किशोरी।
तब न जाने कितने लड़के बंधना चाहते थे नयन की डोरी।३१।

विधि छेत्र में दिखला दिया कि आप है इसकी अर्जुन।
सिंह तरह तो सभी है दिखते पर नही आपसी गर्जन।३२।

शिक्षा में भी अव्वल है आप अपने रूप समान।
स्वर्ण पदक धाता विधि में और यही मंजू में स्थान।३३।

सुंदरता में भानु करता, कविता लिख लिख कर सम्मान।
ऊंचा मस्तक दिखलाता है, आगे तक उत्थान।३४।

बड़ी बड़ी वो आंखे जिसमे, डूब जाए संसार।
बाते इतना करती आंखे, की कुछ ना रहे विचार।३५।

छोटे छोटे कान आपके , पर सुनते है वो मन की।
नाक आपकी गौरव शाखा, है प्रतीक करुणा की।३६।

गाल आपके नाजुक ऐसे, छूने को दिल भागे।
कोमल है वो ऐसे की, धूप से रंग बदलता जावे।३७।

हँसी आपकी मीठी इतनी, की प्रसून भी शरमाये।
लगता भवरा मधु भी अपना, आप ही से लेके जाए।३८।

चालीसा ये लिखे आपकी देवी आप हो प्रसन्न।
अच्छी लगती हमको आप की एक टक देखे हम।३९।

प्रफुल्ल बने है लेखक इसके पर श्रेय है आपको जाता।
लिखने का फल बस इतना है कि आपको खुश कर जाता।४०।

25. अंकुरी की आरती

जय अंकुरी माता। जय अंकुरी माता।।
तुम को वो है भाता। जो चाय बना लाता।।
सुंदरता की तुम मूरत। मासूमियत की तुम बाला।।
आंख तुमारी कंचन। लब जैसे हाला।।
गुस्सा नाक विराजे। हर कोई भय खाता।।
जब तुम हो हँस देती। हँस देता जग सारा।।
हो प्रवीण शिक्षा में। स्वर्ण पदक धाता।।
आदर्श हो तुम जन जन की। जो तुम को समझ जाता।।
प्रफुल्ल की हो तुम पूरक। हो जीवन की परितृपता।।
जय अंकुरी माता। जय अंकुरी माता।।

www.ingramcontent.com/pod-product-compliance
Lightning Source LLC
La Vergne TN
LVHW011900060526
838200LV00054B/4438
9781648694769